AF561923

L4d
7280.

QUELQUES MOTS

SUR

L'INSTRUCTION OBLIGATOIRE

PAR

FRÉDÉRIC ROUVIER

BIBLIOTHÈQUE NATIONALE
R.F.
IMPRIMÉS

PARIS
LIBRAIRIE DE LA SOCIÉTÉ BIBLIOGRAPHIQUE
MAURICE TARDIEU, DIRECTEUR
35, RUE DE GRENELLE, 35

—

1880

4
L
7280

QUELQUES MOTS

SUR

L'INSTRUCTION OBLIGATOIRE

BIBLIOTHÈQUE NATIONALE R.F. IMPRIMÉS

I

Vrai but de l'instruction obligatoire.

L'instruction obligatoire telle qu'on la prône de nos jours, c'est-à-dire inséparablement liée à la laïcité, est d'origine révolutionnaire en France [1].

Inscrite pour la première fois dans nos codes, le 29 frimaire an II, à la demande de Robespierre et de Danton, elle en fut rayée après thermidor par ceux-mêmes qui l'avaient votée.

C'était, au rapport de Daunou, une disposition qui portait « le sceau de la tyrannie stupide de Robespierre » : voilà pourquoi on la supprimait.

C'est encore une prescription qui du bienfait de

1. M. P. Bert, rapporteur du projet de loi relatif à la réorganisation de l'instruction primaire, en a fait l'aveu quand il a écrit dans son rapport : « La Révolution française a proclamé le triple principe de la gratuité, de l'obligation et de la laïcité. C'est à cette grande tradition que nous nous rattachons (. 4). »

l'éducation fera « une véritable servitude[1] » : voilà pourquoi on veut la rétablir.

Il est vrai qu'on a doré le joug et que, en s'apprêtant à l'imposer au peuple, on proteste solennellement qu'on ne recherche que « le plus grand bien des masses ». Mais ces paroles emmiellées, capables peut-être de tromper les esprits simples, ne sauraient abuser quiconque réfléchit un seul instant.

***

La vérité, c'est que la Révolution veut être maîtresse absolue de la France, et que, pour arriver à ses fins, elle exige qu'on lui livre la jeunesse, afin de la modeler à son image et à sa ressemblance.

« Faire exécuter les lois sur l'éducation, voilà le secret, » s'écriait déjà, d'après Robespierre, le fougueux Saint-Just.

« Je demande, reprenait Barrère[2], que l'Assemblée s'occupe d'une *instruction* RÉVOLUTIONNAIRE, celle qui doit avoir pour objet de changer nos idées, nos opinions anciennes, et d'établir la morale qui convient à la liberté, à la République. »

Et Jacob Dupont était plus explicite encore quand il disait :

« La nature et la raison, voilà les dieux de l'homme, voilà mes dieux !... Hâtez-vous de *propager* ces principes, de les faire enseigner dans vos écoles primaires... Il est plaisant de voir préconiser une reli-

1. Daunou, 27 vend., an III.
2. — 18 mai 1793.

gion monarchique dans une République...[1], une religion dans laquelle on enseigne qu'il vaut mieux obéir à Dieu qu'aux hommes... Je l'avouerai de bonne foi à la Convention, je suis athée. »

L'athéisme, tel était en effet et tel est encore le caractère essentiel de la nouvelle éducation, de cette éducation à laquelle on veut *obliger* tous les citoyens, qui doit « s'emparer de la génération qui naît » et qui s'en ira « trouver l'enfant sur le sein de sa mère, dans les bras de son père[2] », si les vœux de la Révolution se trouvent accomplis !

Faire passer l'enfant du peuple par l'école pour l'instruire, c'est donc le prétexte.

L'y pousser pour lui arracher la foi et le pervertir dans son esprit, c'est le vrai but.

***

Les nouveaux patrons de l'instruction laïque obligatoire ne s'en cachent pas du reste.

« Sans doute, s'écrie l'un d'eux[3], les disciples de Loyola possèdent encore de profondes racines dans le pays;... sans doute ils veulent la diffusion des esprits (*sic*) par la superstition et une dévotion aveugle; ils veulent combattre l'ignorance par le miracle : mais n'avons-nous pas à leur opposer la

1. Un orateur, dont nous avons trouvé le discours dans la *Révolution française*, a dit dernièrement :
« Il faut, si l'on veut démocratiser la terre, commencer par démonarchiser le ciel. »

2. — Disc. de Grégoire, 4 pluviôse, an II.

3. Le F.·. Fleury, Conférences faites dans la R.·. L.·. des *Philanthropes réunis*, Or.·. de Paris.

vraie science, la science des encyclopédistes... Cette science, il faut l'acquérir. Comment? *En prenant pour base l'enseignement obligatoire et en repoussant* de cet enseignement, au nom de la liberté de conscience, l'*instruction religieuse.* »

« Considérant, déclarent quelques autres, que l'idée de Dieu est la source et le soutien de tout despotisme et de toute iniquité,

« Les libres penseurs de Paris s'engagent à travailler *à l'abolition prompte et radicale du catholicisme et à poursuivre son anéantissement par tous les moyens*[1]. »

Et ils demandent l'instruction gratuite, *obligatoire, laïque et matérialiste.*

La campagne n'est-elle point menée d'ailleurs par la Franc-Maçonnerie? N'est-ce pas du sein des loges qu'est parti le mot d'ordre? N'est-ce point parmi leurs affiliés que l'on a recruté les premiers combattants qui sont descendus dans l'arène pour travailler au triomphe du vieux principe de 1793? Et l'organisateur de cette croisade au rebours n'a-t-il pas vu se ranger autour de son drapeau tous ses frères pour le soutenir et lutter à ses côtés?

Or on sait le programme de la Franc-Maçonnerie en fait d'enseignement.

Pour elle « LE DIEU RÉVÉLATEUR N'EST PAS ».

1. Vœu des libres penseurs de Paris à l'anticoncile de Naples. *La conjuration antichrétienne contre l'âme des enfants*, par l'abbé Verniolles, p. 43.

2. « Nous sommes tous d'accord sur le grand principe de l'instruction gratuite, obligatoire et laïque, si chaleureusement acclamée par la dernière assemblée. » (Circulaire du G.·. M.·. du G.·. O.·. de France, 4 juillet 1870.)

« LE NOM DE DIEU EST UN MOT VIDE DE SENS... SEULS LES IMBÉCILES PARLENT ET RÊVENT ENCORE DE DIEU [1]. » La croyance en un Créateur est « *la croyance en un être quelconque* FORGÉ *par* UNE IMAGINATION TROP ÉVEILLÉE [2], » et, en tout cas, si ce créateur existe, la Franc-Maçonnerie déclare sacrilègement, avec Proudhon, ne lui devoir qu'une chose : la guerre.

« GUERRE A DIEU ! TOUT LE PROGRÈS EST LA ! [3] »

« Il faut dès lors soustraire l'enfance *au virus de l'éducation religieuse* [4] ». — « La Révolution est antithéologique ; L'ÉDUCATION DOIT *l'être également* [5] », et, pour qu'elle le devienne, il faut bannir de l'école, avec le prêtre, *ce parasite, cet être antisocial qui a fait son temps comme le vieux monde pourri qui nous l'a légué* [6], tout ce qui de près ou de loin pourrait rappeler Dieu !

L'obligation en matière d'instruction tend par conséquent tout d'abord, dans l'esprit de ses partisans les plus décidés, à la diffusion de l'impiété, et nous avons le droit d'affirmer hautement que leur tentative est avant tout une prise d'armes contre la Religion.

1. — V. Am. Neut.. t. I, p. 144, t. II, p. 287.
2. Conf. du F∴ Fleury, à la loge des *Philanthropes réunis*, p. 12.
3. — Disc. de M. Lafargue. V. Deschamps. Les *Sociétés secrètes*, t. II, p. 528, 2e édition avec une introduction de M. Claudio Jannet. Chez Séguin frères, éditeurs. Avignon.
4. *Monde maçonnique*, 1er mai 1865.
5. Conf. du F∴ Fleury, p. 130.
6. Delannoy. *L'Enseignement gratuit, laïque et obligatoire*, cité par l'*Univers*, 2 oct. 1876.

II

Injustice de l'instruction obligatoire.

Toutes les préoccupations de nos réformateurs sont, comme nous venons de le montrer, non pas à instruire le peuple, mais à le ravir à Dieu, et ils veulent bien moins servir les intelligences qu'asservir les cœurs.

C'en serait assez pour repousser l'obligation. Si ses partisans déclarent hautement n'en point vouloir sans la laïcité[1], de quel droit en effet nous feraient-ils un reproche de la rejeter, surtout à cause de cette laïcité ?

Mais nous avons d'autres motifs pour ne point prêter la main à leur entreprise; car, en admettant même que le coup qu'ils méditent ne fût pas destiné à frapper aussi directement l'Église, l'obligation en fait d'enseignement n'en demeurerait pas moins une œuvre pleine d'injustice et dont on ne pourrait attendre les avantages moraux qu'on nous en promet.

*
* *

Elle est injuste, parce que de fait elle rétablira le monopole de l'État, « le pire de tous les monopoles, » dit Frédéric Bastiat. Ne sera-ce pas en effet le

1. Voir en particulier les débats qui ont eu lieu le 29 avril 1880, au sein de la commission de l'Enseignement primaire. — *Rappel*, cité par la *Gazette de France* du 30 avril.

rétablir d'une façon déguisée et y retourner par une voie détournée que d'écarter des écoles publiques, les seules où le plus grand nombre des enfants du peuple aient accès, certaines catégories de maîtres dans lesquels le pays a placé sa confiance et de rendre ensuite l'instruction obligatoire?

— Non, réplique-t-on, car l'enseignement libre subsistera; par conséquent il n'y aura point de monopole.

Oui, l'enseignement libre subsistera. Mais, de bonne foi, cela suffira-t-il pour que le monopole de fait ne soit pas en pleine vigueur?

Partout où l'on érigera une de ces écoles dont je vous parlais, sera-t-il possible de fonder une école libre où la religion soit respectée? Cette école sera-t-elle commode, d'accès facile, gratuite ou à peu près? La charité la plus généreuse ne pourrait subvenir à tant de dépenses!

Il n'y aura donc qu'une école, et cette seule et unique école sera obligatoire pour tous; donc le monopole sera rétabli et tout ce qu'on peut vous concéder, c'est que ce sera un monopole hypocrite, mais un vrai monopole.

Décréter l'obligation, c'est par conséquent, pour l'État, franchir le seuil de la famille, violer un sanctuaire intime et faire main basse sur une liberté qui ne lui appartient pas. Or de quel droit l'État se permettrait-il tous ces attentats?

Pour légitimer ses prétentions, il ne peut invoquer que deux raisons : l'intérêt public, l'intérêt de l'enfant. Ni l'une ni l'autre ne sont valables.

*
* *

— L'intérêt public : « l'État, dites-vous, a autant intérêt à avoir de bons citoyens que de bons soldats. Donc il a le droit d'intervenir et de forcer les familles à faire tout ce qu'il juge nécessaire pour la formation de ces bons citoyens. »

A merveille ! — Ainsi il suffit que l'État ait intérêt à quelque chose pour qu'il ait le droit d'intervenir et de faire un règlement !

Mais l'État est intéressé à voir votre fortune bien administrée, vos dépenses sagement réglées, votre train de maison en rapport avec vos ressources : qu'il intervienne donc et qu'il réglemente l'administration de votre fortune, vos dépenses et votre train de maison !

Il est intéressé à avoir de bons officiers : qu'il rende l'école de Saint-Cyr obligatoire à tous ceux qu'il jugera capables de le bien servir plus tard !

Il est intéressé à posséder une armée composée de soldats robustes : qu'il intervienne encore et qu'il réglemente la façon dont l'enfant sera vêtu et logé ; car, d'un logement insalubre ou de vêtements insuffisants, dépend à tout jamais la force du futur soldat.

Qu'il aille même plus loin et qu'il écarte résolument du mariage tous ceux dont la santé serait chancelante, car leurs enfants leur ressembleraient, et l'État est intéressé à mettre un jour en ligne des hommes qui ne succombent pas à la première marche.

Le simple intérêt de l'État n'est donc pas un

motif suffisant pour légitimer la mesure qu'on se propose : s'il suffisait, tout droit individuel disparaîtrait, parce qu'il n'est pas un seul de ces droits dont le bon usage n'intéresse vivement l'État.

***

On insiste cependant et l'on dit : « L'intérêt dont il s'agit est un intérêt de premier ordre ; c'est ce qui donne à l'État le droit d'intervenir ! »

L'intérêt dont il s'agit est un intérêt de premier ordre : vous vous trompez. Quelle est en effet cette instruction que vous dites d'intérêt général ? Est-ce l'instruction intégrale ou même secondaire ?

— Non, l'instruction primaire.

— Bien ! mais quelle instruction primaire ?

— Les premiers éléments des lettres et des science, joints à quelques principes de morale.

— Soit ; mais vous bannissez Dieu de votre programme ; quelle base donnerez-vous donc à votre morale ? De deux choses l'une : ou vous codifierez une morale à votre usage, ce qui sera ridicule de votre part, car vous n'êtes point un concile ; ou il faudra vous résigner à n'attacher aucun prix à cette morale et à permettre au premier venu de s'en passer pour se borner à l'alphabet !

Et c'est précisément ici qu'éclate à tous les yeux la faiblesse de votre argument ; car, pour que l'alphabet fût un intérêt de premier ordre dans la société, il faudrait que sans lui le but social ne pût pas être atteint. Qui jamais a soutenu semblable chose ? La connaissance de l'alphabet serait donc érigée à la hauteur d'un principe, et d'un principe rédempteur de la société! Non. Ce qui constitue un intérêt de premier ordre pour le corps social, c'est que la jeunesse soit élevée dans le respect de l'autorité, dans l'amour de la vérité, dans la vertu.

C'est justement ce que votre instruction laïque obligatoire empêcherait. Voilà pourquoi elle est condamnable. Religieuse, l'instruction serait utile; indifférente ou athée, elle est nuisible, et d'autant plus nuisible que vous donnez à l'enfant les connaissances nécessaires pour qu'il puisse s'abreuver chaque jour à des sources empoisonnées, journaux, romans infâmes, mauvais livres [1], sans le munir d'une science suffisante pour lui permettre de distinguer le vrai du faux et le bon du mauvais. C'est une victime que vous ornez de guirlandes, mais sous ces fleurs ce n'en est pas moins une victime.

***

— L'intérêt de l'enfant : « L'enfant, reprend-on, a droit au pain de l'esprit comme à celui du corps. Si on ne le lui donne pas, l'État peut et doit obliger le père à le fournir. »

— De mieux en mieux! Mais, puisque vous voulez bien vous substituer au père pour donner à l'enfant le pain de l'intelligence, veuillez aussi donner à ce petit être le pain du corps, qui lui est bien plus

1. Pour combien d'écrivains n'y a-t-il pas d'autre raison en faveur de l'instruction obligatoire que celle-là! Plus il y aura de gens qui sauront lire, plus il y aura de lecteurs, et plus le journal aura de débit. Ces hommes à consciences calleuses battent monnaie sur la morale publique. Que leur importe, pourvu que leur bourse soit toujours pleine!

nécessaire. *Prius est vivere quam philosophari.* Quand il aura reçu de votre main le second, avec combien plus de joie n'en recevra-t-il pas le premier !

Encore un pas, et revenez franchement aux traditions de la Convention. Suivant le conseil de Grégoire, emparez-vous « de la génération qui naît... allez trouver l'enfant sur le sein de sa mère, dans les bras de son père... Tracez des règles de conduite pour le temps de l'allaitement, » réglez la qualité et la quantité de nourriture que l'enfant doit prendre. Car, pourquoi s'arrêter ?

« A continuer, dit le *Constitutionnel*, on a le même titre qu'à commencer. Aujourd'hui on exige que mon fils apprenne d'un monsieur patenté par l'État les éléments des lettres, des sciences, de l'histoire, que sais-je? Et pourquoi ne viendrait-on pas demain, au nom de l'État, contrôler comment je nourris, j'habille, je traite, je punis, je récompense mes enfants ; fixer à quelle heure je dois les faire coucher, à quelle heure je dois les faire lever ! »

D'ailleurs êtes-vous bien sûrs que le pain de l'intelligence soit l'alphabet ? Le pain de l'intelligence, c'est la vérité ! Voilà ce à quoi l'enfant a droit.

« Les notions essentielles du bien et du mal, celles de la loi qui s'impose à notre nature, et des devoirs multiples qui enserrent notre vie ; tout ce qui concerne la justice et l'honneur ; tous ces éléments qui concourent à former une conscience droite, dirigée par une sage intelligence des choses et par un cœur ouvert aux nobles affections ; en outre, ces dogmes sacrés que la religion fait une obligation de connaître ;

ces principes supérieurs dont elle éclaire notre vie et qui doivent en devenir la règle ; tout ce que contient cette doctrine, sublime dans sa simplicité, qui nous présente la plus haute philosophie sous une forme vulgaire ; le catéchisme, en un mot, avec toutes les explications qui l'éclaircissent et les commentaires qui le mettent à portée des jeunes intelligences ; voilà sans contredit, une somme de savoir dont il est impossible de se passer ; c'est un patrimoine réservé dont on ne peut priver personne sans injustice[1]. »

Puisque vous triomphez à rompre à l'enfant le pain de l'intelligence, rompez-lui donc celui-là, et si vous me répondez que vous vous en rapportez sur ce chapitre aux soins de la famille, je vous demanderai pourquoi vous ne vous en rapportez pas à elle aussi pour l'alphabet et pour les barres !

***

C'est au père que revient naturellement le soin d'élever son enfant. Responsable devant sa conscience de l'éducation de son fils, responsable devant la loi civile[2] des actes du mineur, à défaut de tout autre droit, cette double responsabilité devait suffire pour qu'on le laissât entièrement maître de l'éducation qu'il juge opportun de donner à ceux qui lui doivent l'existence.

1. R. P. Matignon, Conférences prêchées aux pères de famille, 1re série, p. 81.

2. « Le père, et la mère après le décès du mari, sont responsables du dommage causé par leurs enfants mineurs habitant avec eux. » Art. 1384 du Code civil.

Ce n'est pas que je veuille contester le droit moral qu'a l'enfant de recevoir un certain degré d'instruction, l'instruction que comportent sa propre capacité intellectuelle et la condition de la famille où il est né. Nous sommes d'accord sur ce point. Ce que je nie, c'est que ce droit moral puisse devenir un droit juridique, c'est-à-dire un droit consacré par la loi [1].

Un fils de famille serait-il recevable à actionner son père en dommages-intérêts, parce qu'il n'aurait pas reçu le degré d'instruction correspondant à la position qu'il doit occuper ? Les prôneurs de l'instruction primaire laïque obligatoire sont-ils disposés à édicter contre ce père une série de pénalités pour le contraindre à son devoir ?

Aucun d'eux ne le voudrait.

Pourquoi donc font-ils contre le père pauvre ce qu'ils ne font pas contre le père riche, et pour l'instruction primaire ce qu'ils n'osent faire pour l'instruction secondaire !

III

Inefficacité de l'instruction obligatoire au point de vue moral

Si du moins l'instruction était aussi efficace qu'on nous le dit à moraliser les masses ! S'il suffisait de munir un homme de science pour le rendre inacces-

1. Qu'on veuille bien le remarquer : nous ne sommes pas l'ennemi de la diffusion la plus large possible de l'instruction, tant primaire que secondaire. L'Église appelle la lumière, et il y a longtemps que chez elle l'instruction religieuse, le ca-

sible au crime! et si l'école pleine faisait réellement la prison vide! Mais il n'en est rien, et non seulement l'instruction[1] ne diminue pas le nombre des crimes, mais elle fait d'ordinaire le criminel plus redoutable et plus méchant.

***

Le mal même dont on se plaint prouve ce que j'affirme en premier lieu. Nos adversaires ne disent-ils pas que depuis le commencement du siècle, l'instruction est toujours allée se répandant de plus en plus? Or c'est précisément depuis le commencement du siècle aussi qu'on a vu s'accroître chaque année le nombre des crimes et des délits.

En 1825, ce nombre était de 57,339; en 1836, il s'élevait à 79,930; c'est une augmentation de 30 pour cent.

Les infanticides s'étaient multipliés avec une rapidité plus effrayante encore :

De 1828 à 1839 nous en trouvons 1,431;
De 1840 à 1851 — 2,036;
De 1852 à 1863 — 2,895.

Que dire maintenant des viols et des attentats à la pudeur sur les adultes?

De 1828 à 1839, on en compte 1,966;

téchisme est obligatoire, mais d'une obligation morale seulement. Ce que nous repoussons, c'est l'obligation juridique, et surtout l'obligation juridique à un enseignement athée, comme le serait l'enseignement laïcisé.

1. L'instruction sans l'éducation religieuse surtout.

De 1840 à 1851, 2,603 ;
De 1852 à 1863, 2,671.

Mais c'est surtout pour les attentats de même nature sur les enfants que la progression est lamentable.

De 1828 à 1839, 2,117 ;
De 1840 à 1851, 4,889 ;
De 1852 à 1863, 8,127 ;
De 1874 à 1877 [1], le chiffre varie, pour chaque année, de 804 à 875.

Quant au nombre des crimes et délits, il a été en 1874, de 174,063 : en 1875, de 171,905 ; en 1876, de 174,077, et en 1877, de 170,111 !

Autre preuve : sur les 4,413 accusés de 1877, 1,372 (31 p. 100) étaient illettrés, 2,864 (65 p. 100) savaient lire et écrire, et 177 (4 p. 100) avaient reçu une instruction supérieure. Cet argument ne peut pas être récusé sous le prétexte que les accusés illettrés sont proportionnellement plus nombreux que les accusés lettrés ; le document officiel sur lequel nous nous appuyons avoue en effet lui-même que les campagnes donnent deux fois moins d'accusés que les villes, quoiqu'elles soient deux fois plus peuplées.

Ce même document constate que la proportion des récidives a été de 40 pour 100 en matière correctionnelle, et de 48 pour 100 en matière criminelle

1. Voir le compte rendu officiel du ministre de la Justice au Président de la République. — *Journal officiel* du 21 août 1879.

BIBLIOTHÈQUE NATIONALE R.F. IMPRIMÉS

« En résumé, dit-il, la situation n'a jamais été plus mauvaise. »

Est-ce pour cela qu'on ne nous a pas donné la proportion des lettrés et des illettrés récidivistes? Je l'ignore; mais cette proportion est connue pour 1868, et elle n'est pas à l'avantage des premiers. 6,834 prisonniers ou forçats furent libérés cette année-là, 3,806 lettrés et 3,028 qui ne l'étaient pas. A la fin de l'année, ces libérés donnent déjà 1,317 récidivistes. Combien étaient illettrés? 501; et combien lettrés? 816. Que chacun conclue![1].

***

Le crime commis, l'instruction rend-elle le criminel moins redoutable et plus accessible au repentir?

L'administration consulta jadis sur ce point les directeurs des maisons centrales. Personne mieux que ces fonctionnaires ne pouvaient connaître les détenus et donner sur eux des renseignements précis. Or, voici ce que répondaient au ministre les di-

1. Ajoutons que plus les accusés sont instruits, plus ils réussissent d'ordinaire à échapper à la vindicte des lois. Tous les ministres de la justice l'ont fait remarquer et M. Le Royer a dit encore dans le dernier compte rendu qui a paru : « Le sexe, l'âge et le *degré d'instruction* des accusés exercent sur les verdicts du jury une influence qui se manifeste chaque année dans des conditions analogues... On constate que l'indulgence du jury s'accroît en raison directe de l'âge *et du degré d'instruction des accusés.* » — Voir, pour détails plus amples sur cette question et sur l'instruction obligatoire, ce que nous avons dit dans la *Révolution, maîtresse d'école*, in-12, 2e édition. — A Paris, chez Oudin; à Avignon, chez Séguin frères, éditeurs.

recteurs des maisons de Loos, du Mont-Saint-Michel, d'Embrun et d'Ensisheim :

« En général, les individus qui ont reçu les premiers principes de l'instruction élémentaire avant d'être condamnés, sont de tous les prisonniers *les moins susceptibles* d'un véritable amendement, et ceux qui ont poussé leur éducation première jusqu'à un certain degré d'élévation *sont*, à peu d'exception près, *totalement incorrigibles*. — Il en est dont l'éducation est complète, on peut dire soignée... — Ils se font professeurs d'une science, et c'est celle du crime... — Il résulte de mes statistiques que *la criminalité augmente en raison directe de l'instruction.* » (P. 10, 11.)

Ces témoignages sont irrécusables. Ils prouvent que, sans l'éducation, j'entends sans l'éducation religieuse, qui seule est digne de ce nom, l'instruction est impuissante à rendre l'homme vertueux ; c'est une barrière trop faible pour qu'elle ferme un cœur au vice et aux mauvais désirs.

La formule radicale se borne cependant à l'instruction ; ce qu'elle rend obligatoire, c'est l'A B C D, avec quelques maximes de morale indépendante. Cela ne suffirait pas, et, fort de l'expérience, nous avons le droit de le déclarer bien haut, non seulement elle ne pourra jamais empêcher ainsi les crimes de suivre la progression ascendante qu'ils ont suivie jusqu'ici, mais encore, si un jour elle est en vigueur, ce qu'à Dieu ne plaise, elle rendra les criminels plus pervers, et, par là même, plus à craindre pour la société.

IV

Difficultés pratiques de l'instruction obligatoire

L'obligation à l'instruction laïque est donc une œuvre aussi injuste que moralement inefficace. Elle est de plus une entreprise pleine de difficultés pratiques de toute sorte.

Il est vrai qu'à voir la rédaction calme et sereine de l'article qui décrète cette obligation [1], on ne s'en douterait guère. Mais ces difficultés n'en existeront pas moins pour cela.

Elles découleront d'une triple source : de l'État, des familles et des enfants.

*
* *

1° *L'État.* — Si l'État ne veut pas que le pays considère sa loi comme une lettre morte, il faut évidemment qu'il s'y conforme lui-même pour ce qui le concerne. Aussi longtemps qu'il ne l'aura pas fait, ses prescriptions ne seront prises au sérieux par

1. « L'instruction primaire est obligatoire pour les enfants des deux sexes âgés de six ans révolus à treize ans révolus. Elle est donnée, soit dans les écoles publiques, soit dans les écoles privées, soit dans les familles, par le père lui-même ou par toute personne qu'il aura choisie. » (Art. 8 du projet de loi organique sur l'instruction primaire.) — Cet article forme le premier paragraphe de l'article 3 du nouveau projet de loi sur l'enseignement obligatoire, déposé le 11 mai dernier par M. Bert sur le bureau de la Chambre des députés, après entente avec le Ministre de l'instruction publique.

personne. Or l'État, qui va décréter l'instruction obligatoire, a-t-il sous la main le personnel et les locaux nécessaires? Il n'a ni l'un, ni les autres.

Il y a en France dans les écoles primaires publiques 26,823 maîtres ou maîtresses congréganistes. Mais l'article 29 du projet de loi de la commission exclut de l'enseignement primaire public tous les congréganistes reconnus ou non, et même tous les ministres d'un culte quel qu'il soit[1]. Donc ces 26,823 religieux ou religieuses ne pourront plus faire partie de cet enseignement.

A ces 26,823 religieux il faut ajouter encore les 2,204 directrices congréganistes qui dirigent des salles d'asiles sur divers points du territoire; les 4,529 instituteurs ou institutrices laïques sans brevet[2], car l'article 7 exige ce brevet de tous les instituteurs et institutrices, directeurs et adjoints dans les écoles primaires; et enfin les congréganistes non reconnus qui dirigent des écoles libres et auxquels l'article 56 retire le droit d'enseigner[3].

Ce n'est pas tout. Si nous nous en tenons aux rap-

1. Le projet provisoire du 11 mai ne contient pas cet article. On a compris qu'il était impossible de chasser pour le moment les Religieux hors des écoles publiques, et la haine a dû pour cette fois se résigner à céder à l'évidence. Mais l'article 29 n'en est pas moins maintenu dans le grand projet de loi de la commission, ce qui nous autorise à raisonner comme nous le faisons ci-dessus.

2. 2,078 instituteurs adjoints; 445 institutrices titulaires; 2,006 institutrices adjointes.

3. Les seules congrégations de femmes non reconnues dirigent 528 écoles et ont environ quarante mille élèves.

ports officiels, il y a au bas mot six cent mille enfants[1] de six à treize ans qui ne fréquentent pas les écoles. Voilà encore des élèves auxquels il faut trouver des maîtres. En calculant à 40 élèves par classe, ce qui est la moyenne générale pour la France (V. tableau XXXI du rapport Bardoux), c'est juste 15,000 maîtres de plus à compter. Le déficit sera par conséquent de :

	26,823	congréganistes employés dans les écoles publ.
	2,204	— — dans les salles d'asile.
	4,529	laïques sans brevet.
	15,000	maîtres nouveaux.
Total.	48,556	maîtres ou maîtresses,

sans compter les congréganistes non autorisés professant dans les écoles libres, et dont le nombre nous est inconnu[2].

Donc, le personnel nécessaire manque absolument. A-t-on du moins les locaux indispensables ?

*
* *

M. Jules Ferry lui-même constate, dans le rapport qu'il vient d'adresser à M. le Président de la République sur les opérations de la caisse des écoles pendant l'année 1879, qu'il n'en est malheureusement rien.

1. « Plus de six cent mille enfants de six à treize ans ne fréquentent pas les écoles, et, par suite, ne reçoivent aucune instruction. » (Rapport de M. P. Bert, p. 8.)

2. Nous pourrions ajouter encore les 3,543 maîtres nécessaires pour dédoubler les 3,543 classes qui, dans nos écoles publiques, comptent plus de 80 élèves, chiffre maximum d'après le règlement.

« Il résulte, dit-il, des renseignements transmis par les préfets, que 298 communes sont encore dépourvues de toute école et ne sont réunies à aucune autre commune pour l'enseignement. D'autre part, 3,307 communes de plus de 500 habitants ne possèdent pas d'écoles de filles ; 8,040 écoles sont installées dans des bâtiments pris à location et 2,622 écoles sont établies dans des bâtiments prêtés aux communes.

« D'après les relevés faits dans les préfectures, il resterait actuellement à édifier ou à reconstruire 17,792 maisons d'école... à réparer ou approprier 11,868 bâtiments scolaires. Enfin 30,029 mobiliers de classe devraient être réparés ou renouvelés... »

En ce qui concerne les salles d'asile, 759 édifices devraient être réparés ; « il y aurait en outre à pourvoir à l'acquisition ou au renouvellement de 1,040 mobiliers... Enfin il reste 1,143 communes de plus de 200 âmes qui n'ont pas de salle d'asile. »

Quant aux écoles normales, il en faudrait construire 70. (Voir *Journal officiel*, 17 janvier 1880.)

N'y a-t-il pas lieu de recommencer ici le calcul que nous avons fait pour les maîtres ? et ne doit-on pas ajouter à ces maisons d'école et à ces salles d'asile, reconnues indispensables aujourd'hui, celles qui le deviendront, quand l'instruction sera obligatoire pour tous [1] ? Comment l'État fera-t-il surgir de terre toutes ces constructions ?

1. — « Mais ce droit que possède l'État d'imposer à tout père de famille l'obligation d'instruire ou de faire instruire ses enfants, a pour premier corrélatif le devoir de mettre à la

Par conséquent, comme le personnel, les établissements scolaires font défaut.

On le sent si bien, qu'on le reconnaît dans la loi elle-même, et que nous assistons à ce singulier spectacle de voir une commission proposer l'instruction obligatoire et déclarer immédiatement que, chaque année, des arrêtés ministériels détermineront les communes où les prescriptions relatives à cette obligation ne pourront pas être appliquées (art. 106), faute de locaux.

Quant au personnel, après avoir solennellement exclu les religieux des écoles publiques, on finit par avouer (art. 95) qu'il faudra bien pourtant continuer à avoir recours à eux jusqu'à nouvel ordre.

Mais que ferait l'État, tout armé qu'il serait de la loi sur l'instruction obligatoire, si ces congréganistes, ignominieusement chassés en principe des écoles publiques, comme ignorants, mauvais citoyens et hommes de mœurs peu sûres (V. rapport de M. Bert [1]), lui refusaient leur concours?

***

2° *Les enfants.* — Sous prétexte d'orner l'esprit de l'enfant, peut-on épuiser les forces de son corps ?

portée de tous les pères de famille l'école publique, qui, dans l'immense majorité des cas, pourra seule leur permettre d'obéir à la loi. De là, la nécessité d'augmenter, dans une importante proportion, le nombre des écoles actuellement existantes, et, par suite, celui des maîtres.» (Rapp. de M. Bert, p. 10.)

1. — Art. 17 du nouveau projet.

C'est là cependant qu'ira l'instruction obligatoire pour un bon nombre d'enfants.

Il ressort d'un travail consciencieux fait autrefois dans l'Indre et soumis au Conseil général de ce département, que sur 220,902 individus dont il a été possible de constater la position par rapport à la distance qui sépare leur habitation de l'école la plus rapprochée, 100,000 à peine sont à moins de 2 kilomètres de cette maison d'école. 35,000 en sont éloignés de 2 à 3 kilomètres, 30,000 de 3 à 4, et 52,000 de 4 à 11.

Dans le Loiret, qu'on ne classe certes point parmi les départements à population disséminée, beaucoup de communes occupent une surface dont le rayon varie de 2 à 10 kilomètres.

« Les communes de la Haute-Loire, nous dit d'autre part M. Dunglas, ancien recteur de l'Académie de ce département, sont très étendues et leur population est très disséminée. Il en est qui sont formées de cent, cent vingt et jusqu'à cent trente agglomérations de maisons, éloignées de huit, et même *douze* kilomètres. »

La commune de Tence compte 130 de ces petits hameaux, Yssingeaux 120, Montregard 86.

« L'hiver est fort long et fort rude dans ce département, et, tant qu'il dure, les communications y sont très difficiles, souvent même impossibles, surtout pour des jeunes filles, en sorte que les écoles du chef-lieu ne peuvent être fréquentées que par un petit nombre d'enfants [1]. »

Dans la Corse, il y a 14 enfants en âge scolaire sur une surface de 4 kilom. 5 carrés; dans les Hautes-Alpes, 14 aussi sur 5 kilomètres carrés, et dans la Lozère 15 sur cette même superficie. Ajoutez à cela que, pendant la mauvaise saison surtout, les communications sont plus difficiles encore dans ces pays montagneux que dans la Haute-Loire, car les routes y sont mauvaises et les accidents de terrain nombreux, et dites-moi, je vous prie, si bien souvent ce ne sera pas de la barbarie d'envoyer les enfants à l'école dans de pareilles conditions ?

L'instruction est obligatoire d'après l'art. 8 du projet, de six ans à treize ans révolus. Voilà donc un enfant de six ans et demi, qui habite dans les Hautes-Alpes, par exemple, à 5 kilomètres de l'école. Il n'est point malade, quoique d'une santé peu robuste ; il ne pourra donc pas s'absenter de la classe. Croyez-vous que lorsqu'il devra parcourir deux fois par jour, et, au cœur de l'hiver, deux fois par nuit, le long trajet qui le sépare de l'école, lorsqu'il lui faudra faire 10 kilomètres dans l'eau ou la neige, à travers une pluie qui, bien souvent, le surprendra en route, sa santé résistera longtemps? Ne pensez-vous pas qu'elle sera bientôt compromise, et peut-être irrémédiablement ? — Si, du moins, en arrivant en classe, il trouvait un local salubre, bien

1. Les *Sœurs de l'instruction et les Béates*, par M. Dunglas, p. 50, 51.

approprié! Mais il ne peut l'espérer la plupart du temps! Lisez les rapports des inspecteurs primaires, et vous verrez en quel état se trouvent les réduits qui abriteront bien souvent cet enfant. Dans un grand nombre de départements, les élèves languissent dans les classes, entassés les uns sur les autres et n'ayant ni l'air, ni la lumière nécessaires. Aussi leur santé en souffre-t-elle, « et il n'est pas nécessaire d'aller chercher ailleurs les causes de ces épidémies typhoïdes ou éruptives qui, de temps à autre, viennent jeter la désolation dans toute une commune. » (*Allier*, Conseil général, 1875.)

Dans de pareilles conditions, qui donc voudra appliquer les pénalités décrétées par la loi contre les parents qui refuseront d'envoyer leurs enfants à l'école?

3° *Les familles.* — Les difficultés qui viendront du côté des familles ne seront pas moindres que les précédentes.

La pauvreté des parents en fera surgir avec lesquelles il faudra bien compter d'abord.

Quand on n'aura pas de vêtements convenables à donner aux enfants, en fournirez-vous? Ou bien consentirez-vous à recevoir sur vos bancs des mendiants déguenillés et malpropres, qui seront un objet de dégoût universel?

Après les habits, viendra le pain. La plupart des familles qui n'envoient pas leurs enfants à l'école, sont de misérables familles, dans la mansarde ou la cabane desquelles le pain manque parfois. Pour écarter la faim, tout le monde y travaille suivant ses forces. Avez-vous songé à distribuer à ces pauvres gens l'équivalent des ressources dont l'assiduité des enfants à l'école les privera cruellement ?

C'est pourtant par centaines de mille qu'il faut compter les enfants qui gagnent leur vie dans les manufactures. Leur travail y est réglé par des lois spéciales ; ces lois seront supprimées de fait par l'instruction obligatoire, et, avec elles, le travail des enfants. De là, en même temps qu'appauvrissement des familles, mécontentement des manufacturiers à qui on enlèvera une main d'œuvre qui leur est presque indispensable, et, comme contre-coup, aggravation de la crise économique dans laquelle nous nous débattons si péniblement depuis plusieurs années [1].

Et le petit métayer, avez-vous réfléchi à la situation que vous allez lui faire? La gêne dans laquelle vous le jetterez sera telle que, de l'aveu même de vos journaux, elle constituera une des principales difficultés du système :

« Jusqu'à présent, dit le *Temps* (29 septembre 1879), le cultivateur se tirait d'affaire, soit en retenant l'un de ses enfants auprès de lui jusqu'à ce que les autres eussent fait leur première communion et achevé

1. Sur ce point, comme sur le suivant, la Commission, se délivrant à elle-même un brevet de légèreté, a dû se rendre à l'évidence et s'amender. Le projet de loi du 11 mai permet aux commissions scolaires d'accorder aux parents des dispenses d'assiduité à l'école, pourvu toutefois que ces dispenses n'excèdent pas deux mois par an. D'autre part, les enfants employés hors de la famille, dans l'agriculture et dans les manufactures, pourront être dispensés d'une des deux classes de la journée (art. 14).

leurs modestes « études », soit en les retenant tous pour les travaux pressés. Ou bien encore il prenait un petit valet de ferme de huit, dix, douze ans, pour être libre de donner de l'éducation à ses propres fils. Tout cela va cesser : riches et pauvres auront à fréquenter l'école jusqu'à douze ans ; plus d'absences non motivées ; plus de jeunes domestiques voués à une complète ignorance. C'est un bien, sans doute ; mais les exigences de l'industrie agricole et les complications accidentelles résultant de l'incertitude des saisons ne s'évanouiront pas avec la promulgation de la loi : on irait se heurter à plus fort que soi si l'on n'y avait pas égard. Il y a ici un intérêt de justice et un intérêt politique. Il ne faut pas qu'en voulant servir le peuple rural, la République se rende odieuse, faute de discernement et de mesure [1]. »

***

Au point de vue moral ne se heurtera-t-on pas aussi à des obstacles sans nombre ?

Évidemment on ne pourra pas créer des écoles libres, payantes et gratuites, dans toutes les localités. — Les communes de moins de 500 âmes n'auront même qu'une école communale pour les garçons et

1. Un autre danger de l'instruction obligatoire mérite de ne point être omis. Le *Constitutionnel* le signale en ces termes : « L'instruction obligatoire ! ce sera une pompe aspirante qui épuisera nos campagnes. Voyez déjà ce qui se passe, bien qu'elle soit libre. Elle ôte à ceux qui la reçoivent le goût de l'agriculture et de la vie des champs. On constate que les enfants qui, avant de mettre les pieds dans une école, n'avaient témoigné aucune aversion pour le milieu où ils

une autre pour les filles, et souvent on n'y trouvera qu'une école mixte pour les deux sexes. Point de choix par conséquent dans tous ces villages.

Or, je suppose que l'instituteur ou l'instutrice soit d'une réputation douteuse, que telle ou telle famille ait des raisons particulières de ne point avoir confiance en un pareil maître; que là où tel enfant ne courra aucun danger, tel autre soit en fort grand péril, obligerez-vous les parents à compromettre l'avenir, les mœurs de leur fils en l'envoyant à l'école malgré le cri de leur conscience ? Mais beaucoup moins de doctrine et un peu plus d'honnêteté leur semblent mille fois préférable à des connaissances acquises au prix de si grands dangers.

Et ne croyez pas que ce soit l'infime minorité qui ait à redouter une pareille situation.

Sur les 36,056 communes de la France (dénombrement de 1876), 16,543 ont moins de 500 habitants et ne possèderont la plupart du temps qu'une école mixte pour les deux sexes, comme nous l'avons dit. 10,847 comptent de 500 à 1,000 individus. Prenons pour base de nos calculs un chiffre moyen de 800 âmes pour chacune de ces communes, et supposons que leur population soit tout entière groupée autour de l'église, de manière à ne pas nécessiter la création d'écoles de hameau, qui diminueraient d'autant l'effectif des écoles de la commune : nous trouvons

sont nés, où ils ont été élevés, pour le genre de vie que mènent leurs parents, pour les travaux et les soins auxquels ils s'adonnent, reviennent de l'école tout changés en quelque sorte, et remportent chez eux le dégoût du séjour à la campagne et de la condition des cultivateurs. »

112 enfants en âge scolaire dans certains départements et 84 seulement dans ceux qui en comptent le moins (Tableau I. Rapp. Bardoux). C'est à peu près une soixantaine d'élèves pour chacune des écoles de garçons et de filles dans le premier cas, une quarantaine dans le second. Il n'y a donc place dans toutes ces communes que pour une école de garçons et une école de filles et nous nous trouvons ainsi en face de 27,390 municipalités, sur 36,056, qui en seront réduites à subir votre odieux monopole de fait, rendu plus exécrable que jamais par l'obligation où l'on sera de vous livrer les 4/5 de la jeunesse française ! Est-ce au nom de la liberté que vous leur imposerez ce joug dégradant ?

Résumons-nous :

L'instruction obligatoire est votée ; mais elle n'est applicable :

Ni aux enfants des localités où les 48,556 instituteurs comptés plus haut feront défaut ;

Ni aux enfants des villages où l'on n'aura pas de maison d'école convenable ;

Ni aux enfants maladifs, l'hiver surtout ;

Ni aux enfants de 6 à 9 ans au moins, quand l'habitation de leur famille sera éloignée de plusieurs kilomètres du village.

Ni aux enfants des familles tout à fait indigentes ;

Ni aux enfants des petits fermiers, en temps de semailles, de moisson, de récoltes pressées ou de travaux urgents ;

Ni enfin aux enfants que leurs parents refuseront

d'envoyer à une école où ils seraient en danger, sauf du reste à encourir les pénalités légales.

Une loi qui doit subir tant d'exceptions est-elle une loi sérieuse et n'aurait-il pas été préférable de ne la point voter?

V

Projet de la Commission et sanctions proposées par elle

Pour porter remède à toutes ces difficultés, qu'a fait la commission chargée d'examiner le projet de loi sur l'instruction primaire?

Elle a multiplié les prescriptions et imposé aux parents, aux patrons, aux instituteurs, aux maires, aux commissions, etc., etc., des obligations de tout genre.

Examinons-les rapidement.

*
* *

« Le père, dit l'art. 10, le tuteur, la personne qui a la garde de l'enfant, le patron chez qui l'enfant est placé, devra, *quinze jours* avant l'époque de la rentrée des classes, faire savoir au maire de la commune, s'il entend faire donner à l'enfant l'instruction dans la famille ou dans une école publique ou privée; dans ces deux derniers cas, il indiquera l'école choisie [1]. »

1. Art. 6 du projet du 11 mai.

Si cette formalité n'est pas remplie, le maire *inscrira d'office l'enfant à l'une des écoles publiques* et en avertira la personne responsable.

« Au premier abord, fait très justement remarquer ici la *Patrie* (9 octobre 1879), cette disposition — étant admis, bien entendu, le principe de l'obligation — peut sembler, quoique rigoureuse, assez rationnelle.

« Mais si l'on réfléchit què, CHAQUE ANNÉE, la déclaration devra être faite et renouvelée, dans les quinze jours avant l'époque de la rentrée des classes ; si l'on considère qu'une absence, un retard, une simple omission exposeront le père de famille à voir son fils enlevé à l'éducation du foyer domestique ou à l'école privée qu'il fréquentait jusqu'alors, pour être inscrit de force sur les contrôles de l'une des écoles publiques de la localité, on ne manquera pas de reconnaître le machiavélisme prémédité et la perfidie profonde de la mesure.

« Le projet de loi n'aurait-il pas dû, en effet, pour rester au moins dans les termes de l'équité la plus naturelle et la plus élémentaire, stipuler que, la déclaration du père de famille une fois faite et le choix de l'école préférée par lui une fois indiqué, cette déclaration et ce choix seraient respectés tant que, de la part des parents de l'enfant ou des personnes responsables de sa direction, il n'y aurait pas eu l'expression d'une volonté contraire.

« Mais non : la commission parlementaire entend obliger le père de famille à renouveler sa déclaration chaque année, quinze jours au moins avant la rentrée des classes, faute de quoi l'enfant sera incorporé d'office dans une école *laïque* publique. Car il n'y aura plus à l'avenir, en fait d'écoles publiques, que celles tenues par les laïques : les congréganistes, et ceux-là seuls encore qui appartiennent à des ordres religieux autorisés, se trouveront relégués exclusivement dans les écoles privées.

« Une prescription semblable à celle que nous venons d'énoncer est donc pleine de supercheries et vexatoire au premier chef. »

Ce n'est pas la seule, et l'on a trouvé un autre moyen de remplir les futures écoles publiques.

***

Si l'enfant reçoit l'instruction dans sa famille, il devra, pendant l'âge de la scolarité, subir un examen, à la fin de chaque année, dans des formes et suivant des programmes qui seront déterminés par arrêtés ministériels.

— Les deux premiers examens, ou l'un quelconque des examens suivants sont-ils jugés insuffisants, aucune excuse n'est-elle admise par la commission d'examen, voilà « les parents mis en demeure d'envoyer leur enfant dans une école publique ou privée, dans la huitaine de la notification, et de faire savoir au maire quelle école ils ont choisie. (Art. 15.) »

Ici, le plaisant et l'odieux se touchent. L'examen commence à être obligatoire à l'âge de sept ans. C'est un peu tôt peut-être, et nous serions curieux de savoir quelle en pourra bien être la matière.

A moins qu'on ne lui donne pour objet les « leçons de choses » qui figurent dans le futur programme des écoles enfantines (art. 2), nous ne voyons guère sur quoi on pourra interroger tous ces bambins.

Et si on les interroge, qu'obtiendra-t-on le plus souvent? Comment vaincra-t-on leur timidité? Un examen qui se sera passé tout entier en un déluge de pleurs sera-t-il réputé suffisant ou insuffisant? Accordera-t-on l'estampille officielle, le poinçonnement universitaire à qui n'aura pas répondu un mot à des examinateurs inconnus, devant lesquels des jeunes gens de dix-huit et dix-neuf ans ne paraissent pas sans appréhension et dont la seule vue bouleversera ces petits garçons et ces petites filles de sept ans? ou bien cette timidité sera-t-elle tenue pour ignorance avérée? Mais qu'on décrète alors l'assurance obligatoire!

Quant aux programmes, qu'il faudra graduer pour que les examens subis de sept à treize ans ne se ressemblent pas, comment les tracer? Un programme officiel est une chose déplorable, même pour des examens comme ceux des baccalauréats ès lettres et ès sciences. A combien plus forte raison ne sera-t-il pas ridicule pour ces baccalauréats ès alphabet et ès barres!

Du reste, que répondrez-vous au père qui vous dira : « Je fais élever mon fils chez moi; les examens qu'il doit subir à sept et à huit ans me paraissent trop chargés [1]. J'estime que sa santé ne lui permet pas d'apprendre tant de choses, et je crois que, même pour le développement de son esprit, il vaut mieux pour lui n'apprendre à écrire qu'à neuf ou dix ans. Son corps sera plus robuste, son esprit plus ouvert, et en six mois il apprendra plus qu'en un an aujourd'hui. » Enverrez-vous le gendarme pour conduire de force cet enfant à l'école? — Cela prouvera une fois de plus combien vos projets de loi sur l'enseignement respectent la liberté des pères de famille!

Je pourrais vous demander encore comment vous ferez passer ces examens de fin d'année; comment vous parviendrez à constituer tant de bureaux, lorsqu'il est constant qu'on est déjà si souvent empêché pour former les jurys qui délivrent les certificats,

1. Voici le programme de l'enseignement qui sera donné dans les écoles primaires.

Art. 3. — L'enseignement dans les écoles primaires proprement dites comprend : l'instruction morale et civique; la lecture et l'écriture; la langue et les éléments de la littérature française; la géographie, particulièrement celle de la France jusqu'à nos jours; *quelques notions usuelles de droit et d'économie politique*; les éléments des sciences naturelles, physiques et mathématiques; *leurs applications à l'agriculture, à l'hygiène, aux arts industriels; travaux manuels et usage des outils des principaux métiers*; les éléments du dessin, du modelage et de la musique; la gymnastique; — pour les garçons, les exercices militaires; pour les filles, les travaux à l'aiguille. »

Nous ne voudrions pas révoquer en doute la science de nos futurs instituteurs primaires. Cependant nous avons quelque peine à croire qu'ils soient tous aussi capables d'enseigner le droit et l'économie politique, la gymnastique et les beaux-arts, que la lecture et l'écriture ou l'histoire et le calcul.

d'études ou les brevets de premier et de second ordre. Passera-t-on l'examen à l'école communale? Mais trouverez-vous toujours alors des examinateurs dans le pays? Le jury se déplacera-t-il et ira-t-il de village en village? Quel embarras!

***

Venons-en aux élèves des écoles libres ou communales. Pour s'assurer de leur assiduité en classe, le projet de la commission a encore ici multiplié les précautions.

Les instituteurs publics et privés doivent, à la fin de chaque mois, adresser au maire et à l'inspecteur primaire la liste des enfants qui ont manqué l'école, ainsi que de ceux qui l'ont quittée, avec l'indication du nombre et des motifs des absences (art. 13); sinon, ils encourent « la peine de la suspension pour un mois au plus, et, en cas de récidive dans l'année scolaire, pour trois mois au plus (art. 14). »

L'absence constatée, la commission municipale scolaire a seule à en connaître [1]. Elle agrée ou rejette les excuses présentées.

1. « Cette commission nommée par le conseil municipal au commencement de chaque année est présidée par le maire. Le nombre maximum des membres qui la composent ne peut pas dépasser le tiers des conseillers municipaux de la commune. Elle peut être prise en dehors du conseil municipal (art. 89). » — Toutes ces dispositions se trouvent reproduites dans le projet du 11 mai. — V. art. 9, 10 et 4. Ce dernier introduit dans la commission scolaire un délégué cantonal nommé par l'inspecteur d'académie. L'inspecteur primaire fait partie de droit de toutes les commissions scolaires de son ressort.

Ainsi donc ce n'est plus le cœur de la mère ou l'amour raisonné du père qui décideront des ménagements dus, par exemple, à la santé débile de leur enfant. Ce sont des étrangers! C'est une commission dont les membres seront ce jour-là de service! L'enfant est faible : halte-là! Ce n'est pas à vous, père ou mère, qu'il appartient d'en juger! C'est à nous : votre tendresse pourrait vous rendre trop faibles! Notre indifférence garantit bien davantage les droits de l'État[1]. Et si nous sommes trop sévères, eh bien, à votre amour de corriger notre sévérité lorsque, le soir, vos fils vous seront enfin rendus!

Si dans le cours d'un mois, l'enfant s'est absenté quatre fois, sans qu'aucune de ses excuses ait été admise, « le père, le tuteur, ou la personne responsable, sera mandé dans la salle des actes de la mairie devant la commission, qui, en lui rappelant le texte de la loi, lui expliquera son devoir. »

S'il ne comparaît pas, ou s'il y a moins d'un an qu'on lui ait « expliqué son devoir » une première fois déjà, « la commission ordonnera l'inscription pendant quinze jours ou un mois, à la porte de la mairie, des nom, prénoms et qualités de la personne responsable, avec indication du fait relevé contre elle. »

La même pénalité sera infligée à ceux qui au-

1. Remarquons une fois encore que toutes ces rigueurs pèseront surtout sur la classe ouvrière. La mère du collégien restera juge des soins que réclame l'état de son enfant, et pour excuser quinze ou vingt jours d'absence, il ne lui en coûtera guère qu'un petit billet. Mais pour l'ouvrière, ce sera autre chose! Pour *une* absence, il lui faudra comparaître devant un tribunal spécial, la commission.

raient retiré leurs enfants d'une école, sans déclarer au maire la façon dont ils comptent leur faire donner l'instruction à l'avenir.

Enfin, si les parents qui font élever leurs enfants chez eux ne les envoient pas à l'école, après la mise en demeure qui suivra un insuccès aux examens passés à sept ou à huit ans, ils seront considérés comme en état de contravention simple et cités devant le juge de paix du canton, pour y être condamnés. Semblable pénalité sera encourue par les parents des élèves qui fréquentent les écoles publiques ou privées, en cas de récidive.

***

Tel est l'ensemble des sanctions pénales que propose la commission pour forcer les parents à obéir à la loi. C'est aussi simple en théorie que ce sera compliqué et souvent impossible dans la pratique, comme on va bien le voir.

Nous ne reviendrons pas sur ce que nous avons dit plus haut à propos des difficultés qu'on rencontrera pour recruter le personnel enseignant nécessaire.

Admettons que ce personnel rétribué, aussi bien que les innombrables inspecteurs, directeurs et autres fonctionnaires dont on aura besoin, ait été levé dans tout le pays et que ses cadres soient complets : cela ne suffira pas pour que la loi soit applicable. Il faudra trouver ce personnel volontaire de maires, de commissions municipales, de comités cantonaux, auxquels on distribue si libéralement tant de rapports à faire, tant de listes à envoyer, tant de séances à tenir.

Est-on sûr de l'avoir facilement, dans les communes rurales surtout?

Compter sur les personnes aisées sera souvent peut-être aller au-devant d'une déconvenue, puisque le projet est en partie destiné à combattre leur influence au sein des campagnes; elles ne voudront pas fournir des verges pour se faire battre.

Prendra-t-on n'importe qui? Mais alors ces délégués, ces commissaires n'auront aucune compétence, aucune influence, et ajoutons que la plupart du temps aussi ils n'auront pas le loisir d'employer leur journée à remplir l'office d'arbitres, de juges, de surveillants et d'inspecteurs dont on les gratifie si bénévolement.

Autre difficulté : les décisions de la ommission municipale scolaire seront-elles sans appel?

S'il en est ainsi, comme cela paraît d'après le texte du projet de loi (art. 89, 90), l'instruction obligatoire courra de bien graves périls dans certaines communes.

On ne peut pas se le dissimuler en effet, l'obligation de l'instruction est peu populaire. La commission scolaire est nommée par le conseil municipal; si ce conseil municipal est d'opinions peu avancées, s'il est composé de petits cultivateurs qui auront besoin de leurs enfants pendant l'été, cette commission sera choisie avec le plus grand soin, et elle ne comptera probablement pas beaucoup d'admirateurs enthousiastes de M. P. Bert. Elle admettra toutes les excuses, bonnes ou mauvaises, et elle se gardera bien surtout de ne pas agréer celles qu'on fondera sur les travaux des champs. Il en résultera que l'école sera pour le moins à moitié déserte durant quatre ou cinq mois, et qu'on n'aura absolument aucun moyen pour la remplir !

Pour parer à cet inconvénient, décidera-t-on que l'appel des décisions de la commission municipale sera porté au comité cantonal ? On peut le faire, mais ce sera au prix de difficultés dont un seul exemple va nous donner une assez juste idée.

Le fils d'un habitant de la campagne dont la ferme est à deux ou trois kilomètres du village, est retenu chez son père pour travaux urgents durant quatre ou cinq jours. — L'absence est constatée, dénoncée par l'instituteur, et la commission mande le délinquant à comparaître devant elle. — Voilà le cultivateur obligé d'abandonner ses champs dans un moment où le travail presse et contraint de venir présenter ses excuses au village. Elles ne sont pas admises, et il est censuré.

Dans la crainte des pénalités qui suivront une récidive, il fait appel : c'est au canton qu'il faut aller, et voilà une journée perdue !

Que la censure soit maintenue et que l'enfant s'en aille faire l'école buissonnière quelques fois encore avant la fin du mois, le père sera de nouveau contraint à retourner au village, et peut-être au canton, chez le juge de paix.

Croit-on que toutes ces allées et ces venues ne

fatigueront pas bien vite les populations ? Ne seront-elles même point parfois tout à fait odieuses ? Car, au lieu d'un petit fermier, ce pourra être un journalier qui devra comparaître devant la commission. Lui paiera-t-on sa journée ? Et si c'est une veuve dont la présence est indispensable au logis pour soigner des enfants en bas âge, la condamnerez-vous par défaut elle aussi ? Que la justice ait de ces rigueurs, c'est une triste nécessité, et on s'y résout. Mais que pour un enfant qui aura manqué l'école, vous imposiez aux familles de pareils tracas, c'est ce qui n'est pas admissible.

*
* *

Du reste, à ces vexations viendront s'en joindre d'autres. Le père, ou la personne responsable de l'enfant, sera dans certains cas cité devant le juge de paix et considéré comme en état de contravention simple. — La peine à prononcer sera l'amende, depuis un franc jusqu'à cinq francs inclusivement (art. 471 Code pénal), avec condamnation aux dépens, bien entendu. En cas de récidive, l'art. 474 du Code pénal deviendra applicable et « *la peine d'emprisonnement aura toujours lieu pendant trois jours au plus.* »

Qui ne voit les lamentables complications qu'entraîneront ces condamnations ? Car même lorsque l'application de l'art. 463 sur les circonstances atténuantes aura permis au juge de ne point prononcer la peine de l'emprisonnement, le père, ou la personne responsable n'en aura pas moins à craindre bien souvent la prison.

L'amende et la condamnation aux dépens devront en effet toujours être prononcées. Or, la commission, composée qu'elle est de législateurs, n'est pas sans savoir, j'imagine, que la contrainte par corps a été maintenue en matière criminelle, correctionnelle et de simple police (art. 2, loi du 22 juillet 1867) », pour les amendes, restitutions et dommages-intérêts, et même pour le recouvrement des frais dûs à l'État, d'après la loi du 19 décembre 1871.

Comme la plupart du temps, le père ou la mère condamnés n'auront pas envoyé leur enfant à l'école par pure misère, l'amende ne sera pas payée et la contrainte par corps sera exécutée. Pendant tout le temps que ces malheureux seront en prison, comme de vulgaires malfaiteurs, qui nourrira leur famille? qui subviendra aux besoins des leurs?

VI

Conclusion

Il n'y a pas bien longtemps encore, la ville de Porrentruy était témoin d'un douloureux spectacle.

Une pauvre veuve avait été retenue un mois à l'hôpital. Son fils, demeuré seul, ne se rendit point à l'école. Poursuivie pour infraction à la loi sur l'instruction obligatoire, et condamnée de ce chef à une amende que son long chômage la mettait hors d'état de payer, la malheureuse femme se vit appliquer la loi dans toute sa rigueur.

A peine sortie de l'hospice, elle fut enfermée pour trois jours en prison.

Pour elle, le grand bienfait de l'instruction obligatoire avait, en dernière analyse, abouti à la prison!

De combien de malheureux ne serait-ce point là l'histoire, le jour où l'obligation serait décrétée en France!

Aussi est-ce de toutes nos forces que nous repoussons cette obligation, véritable expropriation de l'enfant pour cause d'utilité publique.

Ce que nous voulons, et ce qu'avec nous réclame, exige le vrai libéralisme, c'est qu'on fournisse largement à chaque père de famille les moyens de faire instruire suivant sa conscience les enfants auxquels il a donné le jour.

Si l'ouvrier est pauvre, qu'on le secoure;

S'il est négligent, qu'on le stimule [1];

S'il est chrétien, qu'on respecte sa foi, et qu'on ne

1. Qu'on le stimule, par exemple, par la promesse de certains avantages pécuniaires ou par le refus de toute assistance publique, sauf les secours médicaux, comme cela se pratique notamment en Belgique et en Hollande.

lui refuse ni l'enseignement catholique ni les maîtres congréganistes que son cœur souhaite à ses enfants.

Hors de là, le prétendu bienfait qu'on lui offre ne serait pour lui qu'un fardeau de plus.

Et ses épaules sont bien assez meurtries déjà pour qu'à plaisir on ne les meurtrisse pas davantage encore!

TABLE

I. — Vrai but de l'instruction obligatoire. 3

II. — Injustice de l'instruction obligatoire. . . . . . .

III. — Inefficacité de l'instruction obligatoire au point de vue moral. 15

IV. — Difficultés pratiques de l'instruction obligatoire. 20

V. — Projet de la commission et sanctions proposées par elle. 32

VI. — Conclusion. 43

Paris. — Imprimerie F. Lafont, 13, quai Voltaire. — 16988.

BIBLIOTHÈQUE NATIONALE
R.F.
IMPRIMÉS

PARIS. — IMPRIMERIE LAFONT, 13, QUAI VOLTAIRE.

37

BIBLIOTHEQUE NATIONALE DE FRANCE
3 7531 01405538 9

www.ingramcontent.com/pod-product-compliance
Lightning Source LLC
LaVergne TN
LVHW010100230826
846091LV00005B/2029

9782013384179